CW00504962

European Portuguese
Shortcut

By

Irineu De Oliveira Jnr

CONTENTS

The History of the Portuguese Language

The Portuguese Language is a Romance language, i.e., it comes from the vulgar Latin language. More than 240 million people speak Portuguese in the world today and over 191 million of those speakers are in Brazil. If you take into consideration the fact that Brazil is the fifth largest country in the world, economically, in population and in size, Brazilian Portuguese is now definitely a language that everyone should learn.

Portuguese has the status of the 7th most spoken language in the world. Portuguese is the singular language of Brazil (*Brasil*), Portugal. Angola, Mozambique (*Moçambique*), Cape Verde (*Cabo Verde*), Guinea-Bissau (*Guiné-Bissau*), São Tomé e Principe, East Timor (*Timor-Leste*) and, Macau, There are also Portuguese speakers in France (*França*), the USA, UK, Luxembourg, Switzerland, Germany, Venezuela, South Africa, Canada, Australia and the Channel Islands, particularly Jersey and Guernsey. So, learning Portuguese is not an eccentricity.

Its closest language is Galician, spoken in Galicia, a Spanish region in the north of Portugal. In truth, Galician and Portuguese were the same language in the Middle Age, split in the XIV century. Spanish is very close to Portuguese, too, which allows speakers of both languages in Latin America to understand each other sometimes, but in many times there is misunderstanding and embarrassment.

In 1986, Portuguese became one of the official languages of the European Union (EU) when Portugal was admitted to the organization. As a result of the Mercosul agreements that created the Southern Latin American Common Market (which includes Brazil), Portuguese will be taught as a foreign language in the other Mercosul member countries.

CAPÍTULO 1.

Vowel Sounds and the Phonetic Portuguese Alphabet

VOWEL SOUNDS

a (open) – pronounced "ah"	casa, chá, sábado
ã (nasal) – no equivalence in English	não, canta, câmera
é (open) – as in English "get"	vela, fé
ê (closed) – as the "a" in "say"	medo, você
e (nasal) – no equivalence in English	bem, vento
i (oral) – always like "ee", but shorter	li, vida, título
i (nasal) – no equivalence in English	sim, cinto, tímpano
ó (open) – like "aw" English "saw"	avó, bola
ô (closed) – almost like "o" in "soul"	avô, bolo
õ (nasal) – no equivalence in English	som, pombo, Rômulo
u (oral) – always like "oo", but shorter	tu, pulo
u (nasal) – no equivalence in English	um, sumir, túmulo

Here is the alphabet phonetically written to allow you to compare the pronunciation of the English alphabet with the Portuguese alphabet.

Notice the pronunciation of the Portuguese (apart from h, e, j, x and y) is easily recognised.

So concentrate on practising the pronunciation of those letters which are not familiar to you.

a ah **b** beh **c** seh **d** deh **e** ay **f** ehf

g geh **h** a-gah **i** ee **j** jota **k** kah **l** éhl

m éhme **n** éhne **o** óh **p** peh **q** qay

r éh-rre **s** éh-sse **t** têh **u** oo **v** vay

w dábliu **x** shis **y** ípsilon **z** zay

CAPÍTULO 2.

THE LINGUISTIC SECRET

The linguistic secret is a conversion technique to create Portuguese Words out of English.

For example, words ending in -**tion** in English become -**ção** in Portuguese.

English	PORTUGUÊS
Informa**tion**	Informa**ção**

Translate these words into Portuguese and then check the answers on the next page.

1. action _____
2. attention _____
3. authorization _____
4. confirmation _____
5. conjugation _____
6. creation _____
7. education _____
8. graduation _____
9. imagination _____
10. intention _____
11. organization _____
12. preparation _____

Here are the Portuguese words. Check if you got them right. You will also find many more words that you didn't know that you knew.

abreviação
ação
ativação
acumulação
acusação
adição
administração
admiração
adoção
afiliação
afirmação
aflição
agitação
alteração
ambição
americanização
animação
anotação
antecipação
aplicação
apreciação
aproximação
assimilação
associação
atração
atenção
audição
autorização
aviação
comemoração
capitalização
celebração
centralização
certificação

circulação
civilização
classificação
cognição
colaboração
coleção
colonização
combinação
compensação
competição
complicação
comunicação
concentração
concepção
condição
confederação
confirmação
confrontação
congregação
conjugação
conservação
consideração
consolação
consolidação
constipação
constituição
construção
contaminação
contemplação
continuação
contração
contradição
contribuição
convenção

convicção
cooperação
coordenação
coroação
corporação
correção
correlação
corrupção
criação
declaração
decoração
dedicação
definição
demolição
demonstração
deportação
descrição
destinação
destruição
detenção
determinação
devastação
devoção
diferenciação
direção
discriminação
dissertação
disfunção
distração
distribuição
diversificação
documentação
dominação
doação

dramatização	ficção	insurreição
duplicação	filtração	integração
duração	flutuação	intenção
edição	formação	interceção
educação	formulação	interrogação
eleição	fundação	interrupção
elevação	fração	interseção
eliminação	fricção	intervenção
emancipação	fumigação	intimidação
emigração	função	introdução
emoção	generalização	intuição
emulação	globalização	invenção
ereção	graduação	investigação
erupção	gravitação	incitação
especialização	identificação	irrigação
especificação	ignição	irritação
especulação	iluminação	justificação
estabilização	ilustração	laminação
esterilização	imaginação	legalização
avaliação	imitação	legislação
evaporação	imperfeição	liberação
evolução	implicação	limitação
verificação	importação	mitigação
escavação	inauguração	loção
exceção	indiscrição	lubrificação
exclamação	infecção	má nutrição
exibição	inflação	manifestação
expedição	inflamação	manipulação
exploração	informação	medicação
exportação	inibição	meditação
exposição	inovação	memorização
extinção	inquisição	menção
extração	inspeção	menstruação
falsificação	inspiração	migração
federação	instalação	moderação
fermentação	instituição	modificação
fertilização	instrução	monopolização

motivação
multiplicação
nação
narração
negação
negociação
noção
nominação
nutrição
objeção
obrigação
observação
obstrução
ocupação
opção
operação
oposição
organização
participação
percepção
perfeição
perseguição
personalização
poção
poluição
porção
posição
precaução
predição
premonição
preparação
preposição
prescrição

preservação
presunção
prevenção
privatização
proclamação
produção
proibição
promoção
pronunciação
proposição
prostituição
proteção
provocação
publicação
pontuação
purificação
reação
receção
recomendação
reconciliação
recreação
recuperação
redução
reeleição
reencarnação
refrigeração
regulação
reabilitação
renovação
reorganização
repetição
representação
reputação

resolução
respiração
retribuição
revelação
revolução
rotação
salvação
satisfação
saturação
seção
sedação
sedução
segregação
seleção
sensação
separação
simplificação
simulação
situação
sofisticação
solução
superstição
tradição
transação
transformação
transição
validação
variação
vegetação
ventilação
vibração
visualização

CAPÍTULO 3.

AL

Most English words that end in -**al** are exactly like the Portuguese ones with a few small spelling changes.

Here are the Portuguese words.

abdominal	contextual	essencial
acidental	continental	especial
antisocial	contratual	espinhal
anual	convencional	espiritual
artificial	conversacional	estrutural
audiovisual	coral	excecional
bilateral	cordial	existencial
bissexual	corporal	experimental
brutal	correcional	exponencial
canibal	credencial	facial
carnaval	criminal	fatal
casual	cristal	federal
catedral	crucial	fenomenal
celestial	cultural	festival
central	decimal	fetal
cereal	dental	feudal
cerebral	devocional	final
cerimonial	diagonal	fiscal
circunstancial	ditatorial	floral
colonial	diferencial	focal
coloquial	digital	formal
colossal	dimensional	fraternal
comercial	disfuncional	frontal
conceptual	dual	frugal
condicional	editorial	funcional
confidencial	eleitoral	fundamental
constitucional	emocional	funeral

gastrointestinal
geracional
global
gradual
gramatical
gravitacional
habitual
heterossexual
homossexual
horizontal
hormonal
hospital
ideal
ilegal
imparcial
imperial
impessoal
inaugural
incidental
individual
industrial
infernal
informal
inicial
imaterial
imoral
imortal
institucional
instrumental
insubstancial
integral
intelectual
intencional
intercontinental
internacional
inter-racial
intestinal

irracional
jovial
judicial
lateral
legal
letal
liberal
literal
local
manual
marcial
marginal
material
maternal
matriarcal
matrimonial
medieval
menstrual
mental
metal
mineral
modal
monumental
moral
mortal
multicultural
multifuncional
multinacional
municipal
mural
musical
mutual
nacional
nasal
natural
naval
neandertal

nominal
normal
nupcial
nutricional
ocasional
octogonal
ocupacional
oficial
opcional
operacional
oral
ordinal
organizacional
oriental
original
ornamental
oval
papal
paranormal
parcial
paroquial
pastoral
patrimonial
peitoral
pedal
pedestal
penal
pessoal
plural
portal
posicional
postal
pós-natal
potencial
preferencial
pré-natal
pré-nupcial

presidencial
primordial
principal
profissional
promocional
proporcional
proverbial
provincial
provisional
pontual
racial
racional
radial
radical
real
recital
regional
residencial
residual
reverencial

ritual
rival
rural
sacrificial
sequencial
semifinal
sensacional
sensual
sentimental
sexual
social
subliminal
subtotal
subtropical
superficial
supernatural
surreal
substancial
temperamental
terminal

territorial
testimonial
total
tradicional
transcendental
transexual
tribal
trivial
tropical
unilateral
universal
usual
verbal
vertical
viral
virtual
visual
vital
vocacional
vocal

CAPÍTULO 4.
SÃO

Words ending in -**sion** in English become -**são** in Portuguese.

Translate these words into Portuguese and then check the answers on the next page.

1. decision _____

2. division _____

3. emission _____

4. immersion _____

5. inclusion _____

6. mission _____

7. profession _____

8. revision _____

9. session _____

10. supervision _____

11. television _____

12. tension _____

Here are the Portuguese words. Check if you got them right. You will also find many more words that you didn't know that you knew.

abrasão	expansão	progressão
admissão	explosão	propulsão
agressão	expressão	provisão
apreensão	expulsão	recessão
aversão	extensão	regressão
colisão	ilusão	remissão
comissão	impressão	repercussão
compreensão	inclusão	repressão
compressão	indecisão	repulsão
concessão	infusão	reversão
conclusão	imersão	revisão
confissão	intrusão	sessão
confusão	invasão	subdivisão
conversão	inversão	supervisão
corrosão	mansão	supressão
decisão	missão	suspensão
depressão	obsessão	televisão
descompressão	omissão	tensão
difusão	opressão	transfusão
dimensão	pensão	transgressão
divisão	percussão	transmissão
emissão	persuasão	versão
emulsão	precisão	visão
erosão	pretensão	eletrocussão
exclusão	procissão	
excursão	profissão	

CAPÍTULO 5.
DADE

Words ending in **-ty** in English become **-dade** in Portuguese.

Translate these words into Portuguese and then check the answers on the next page.

1. anxiety _____

2. city _____

3. generosity _____

4. honesty _____

5. identity _____

6. obesity _____

7. opportunity _____

8. possibility _____

9. priority _____

10. society _____

11. university _____

12. visibility _____

Here are the Portuguese words. Check if you got them right. You will also find many more words that you didn't know that you knew.

acessibilidade	compatibilidade	especialidade
adaptabilidade	comunidade	espiritualidade
adversidade	continuidade	espontaneidade
afinidade	credibilidade	estabilidade
agilidade	criatividade	esterilidade
agressividade	cristandade	eternidade
ambiguidade	crueldade	eventualidade
amenidade	curiosidade	exclusividade
animosidade	deformidade	expressividade
anormalidade	densidade	falibilidade
ansiedade	desonestidade	familiaridade
anuidade	dificuldade	fatalidade
aplicabilidade	dignidade	felicidade
artificialidade	disparidade	feminidade
atividade	diversidade	ferocidade
atrocidade	divindade	fertilidade
autenticidade	domesticidade	fidelidade
autoridade	dualidade	finalidade
brevidade	duplicidade	flexibilidade
brutalidade	durabilidade	formalidade
calamidade	elasticidade	fragilidade
capacidade	elegibilidade	fraternidade
caridade	eletricidade	frugalidade
celebridade	enormidade	funcionalidade
cidade	entidade	generalidade
civilidade	equidade	generosidade

gravidade	inflexibilidade	necessidade
hilaridade	informalidade	negatividade
hiperatividade	insinceridade	neutralidade
honestidade	integridade	normalidade
hospitalidade	intensidade	novidade
hostilidade	invisibilidade	obesidade
humanidade	invulnerabilidade	objetividade
humildade	irracionalidade	obscenidade
identidade	irregularidade	obscuridade
igualdade	irresponsabilidade	oportunidade
ilegalidade	lealdade	originalidade
ilegibilidade	legalidade	paridade
imortalidade	legibilidade	paternidade
imparcialidade	liberdade	peculiaridade
impossibilidade	longevidade	perpetuidade
improbabilidade	magnanimidade	personalidade
impropriedade	maleabilidade	perversidade
impunidade	marginalidade	pluralidade
imunidade	masculinidade	polaridade
incapacidade	maternidade	pontualidade
incompatibilidade	mediocridade	popularidade
indignidade	mentalidade	possibilidade
individualidade	modalidade	posteridade
inevitabilidade	modernidade	prioridade
infalibilidade	monstruosidade	probabilidade
inferioridade	moralidade	produtividade
infertilidade	mortalidade	profundidade
infidelidade	municipalidade	promiscuidade

propriedade

prosperidade

proximidade

publicidade

qualidade

quantidade

racionalidade

realidade

regularidade

relatividade

respeitabilidade

responsabilidade

senilidade

sensibilidade

sensualidade

serenidade

sexualidade

simplicidade

sinceridade

singularidade

sobriedade

sociedade

solidariedade

subjetividade

superficialidade

superioridade

tenacidade

tolerabilidade

totalidade

trindade

trivialidade

umidade

unidade

uniformidade

universidade

vaidade

visibilidade

CAPÍTULO 6.
DOR

Many words ending **-tor** in English become **-dor** in Portuguese.

Translate these words into Portuguese and then check the answers on the next page.

1. administrator   _____

2. aviator   _____

3. communicator   _____

4. coordinator   _____

5. creator   _____

6. decorator   _____

7. educator   _____

8. narrator   _____

9. operator   _____

10. radiator   _____

11. senator   _____

12. traitor   _____

Here are the Portuguese words. Check if you got them right. You will also find many more words that you didn't know that you knew.

administrador	ditador	legislador
aplicador	educador	matador
aviador	elevador	mediador
competidor	exterminador	moderador
comunicador	facilitador	narrador
conquistador	gladiador	operador
contribuidor	ilustrador	radiador
coordenador	imitador	senador
criador	indicador	traidor
decorador	inovador	
distribuidor	instigador	

CAPÍTULO 7.
ISTA

Words ending in **-ist** in English become **-ista** in Portuguese.

Translate these words into Portuguese and then check the answers on the next page.

1. activist _____

2. alchemist _____

3. artist _____

4. baptist _____

5. cyclist _____

6. dentist _____

7. florist _____

8. guitarist _____

9. linguist _____

10. pianist _____

11. receptionist _____

12. tourist _____

Here are the Portuguese words. Check if you got them right. You will also find many more words that you didn't know that you knew.

absolutista	ciclista	feudalista
alarmista	clarinetista	finalista
alegorista	classicista	flautista
alpinista	colaboracionista	florista
alquimista	coletivista	folclorista
analista	colonialista	generalista
analogista	colunista	guitarrista
anarquista	comunista	harpista
anatomista	constitucionalista	humanista
anestesista	construtivista	humorista
animista	consumista	idealista
antagonista	contorcionista	ilusionista
artista	convencionalista	imperialista
ativista	corporativista	individualista
autonomista	dentista	instrumentalista
balista	dinamista	integracionista
batista	elitista	intelectualista
biblista	ecoturista	internacionalista
budista	enciclopedista	intervencionista
canonista	epigrafista	liberalista
capitalista	especialista	linguista
catequista	evangelista	lista
centralista	exorcista	literalista
centrista	extremista	liturgista
cerimonialista	fascista	localista
ciberneticista	feminista	maneirista

marxista

masoquista

materialista

maximalista

medalhista

metodista

militarista

modernista

monetarista

moralista

motociclista

nacionalista

narcisista

nativista

nudista

nutricionista

oportunista

optometrista

organista

orientalista

otimista

pacifista

percussionista

perfeccionista

personalista

pessimista

pianista

pluralista

polemista

populista

positivista

pragmatista

propagandista

protagonista

protecionista

purista

racionalista

racista

realista

rececionista

reformista

relativista

reservista

romancista

salmista

saxofonista

semi-finalista

sexista

socialista

surrealista

terrorista

tradicionalista

turista

violinista

CAPÍTULO 8.
ICO or ICA

Words ending in **-ic** or **-ical** in English become **-ico** or **-ica** in Portuguese.

Translate these words into Portuguese and then check the answers on the next page.

1. acoustic _____

2. basic _____

3. classic _____

4. critical _____

5. ecological _____

6. electric _____

7. exotic _____

8. fantastic _____

9. mechanic _____

10. numerical _____

11. practical _____

12. typical _____

Here are the Portuguese words. Check if you got them right. You will also find many more words that you didn't know that you knew.

acadêmico	artrítico	católico
acrílico	assimétrico	cerâmico
acrobático	asmático	científico
acústico	astronômico	cilíndrico
agnóstico	atlântico	cinético
alcoólico	atlético	cínico
alérgico	atmosférico	cítrico
alfabético	atômico	cívico
altruístico	autêntico	clássico
anabólico	artístico	climático
analítico	autobiográfico	cólico
anêmico	autocrático	cômico
anestésico	automático	cosmético
antártico	balístico	cósmico
antibiótico	balsâmico	críptico
antidemocrático	báltico	crítico
antissemítico	básico	cronológico
antisséptico	biográfico	cúbico
apologético	bombástico	democrático
aquático	botânico	demográfico
arcaico	bubônico	diabético
aristocrático	burocrático	diabólico
aritmético	caótico	diagnóstico
aromático	caraterístico	dinâmico
ártico	carismático	diplomático
artístico	catastrófico	disléxico

dogmático	ético	hedonístico
doméstico	étnico	herético
dramático	eufórico	hidráulico
drástico	evangélico	higiênico
eclético	excêntrico	hipnótico
eclesiástico	exótico	hipodérmico
econômico	fanático	hispânico
ecológico	fantástico	histérico
egocêntrico	filantrópico	histórico
elástico	filosófico	ideológico
elétrico	fólico	idílico
eletromagnético	folclórico	idiomático
eletrônico	fonético	ilógico
enfático	fotogênico	irônico
enigmático	fotográfico	islâmico
entusiástico	frenético	isométrico
épico	gástrico	itálico
epiléptico	gastronômico	jurássico
erótico	genérico	letárgico
errático	genético	linguístico
ascético	geográfico	lírica/letra
esotérico	geométrico	lógico
específico	geriátrico	logística
estático	germânico	lunático
estadístico	ginástica	mágico
estético	gótico	magnético
estilístico	gráfico	matemático
estratégico	harmônico	mecânico

médico	patético	sético
melódico	patriótico	simbólico
melodramático	pediátrico	simétrico
metafísico	periódico	sintético
metafórico	plástico	sintomático
metálico	platônico	sistemático
meteórico	poético	sônico
metódico	político	supersônico
métrico	prático	tático
microscópico	pragmático	técnico
misantrópico	pré-histórico	temático
místico	problemático	típico
mítico	profético	titânico
mnemônico	prolífico	tônico
narcótico	psicodélico	tópico
neurótico	psiquiátrico	tóxico
nórdico	psíquico	tráfico
nostálgico	público	trágico
numérico	retórico	traumático
orgânico	rítmico	trópico
ortopédico	robótico	turístico
pacífico	romântico	vulcânico
pânico	rústico	alérgico
panorâmico	sarcástico	anabólico

CAPÍTULO 9.

ANTE

Words ending in -**ant** in English become -**ante** in Portuguese.

Translate these words into Portuguese and then check the answers on the next page.

1. abundant   _____

2. brilliant   _____

3. elephant   _____

4. giant   _____

5. important   _____

6. inhabitant   _____

7. instant   _____

8. participant   _____

9. protestant   _____

10. relevant   _____

11. restaurant   _____

12. vibrant   _____

Here are the Portuguese words. Check if you got them right. You will also find many more words that you didn't know that you knew.

abundante	extravagante	mutante
antioxidante	exuberante	observante
arrogante	fumegante	ocupante
brilhante	gigante	participante
colorante	habitante	picante
comandante	ignorante	predominante
consoante	implante	protestante
consultante	importante	radiante
contaminante	incessante	rompante
debutante	indignante	recalcitrante
desinfetante	infante	redundante
desodorizante	informante	relaxante
distante	imigrante	relevante
dominante	inobservante	repugnante
elefante	insignificante	ressonante
elegante	instante	restaurante
emigrante	intolerante	suplicante
entrante	irrelevante	tolerante
errante	irritante	transplante
estimulante	lubrificante	variante
exorbitante	mercante	vibrante
expectante	militante	

CAPÍTULO 10.

ENTE

Words ending in -**ent** in English become -**ente** in Portuguese.

Translate these words into Portuguese and then check the answers on the next page.

1. accident   _____

2. client   _____

3. continent   _____

4. detergent   _____

5. different   _____

6. excellent   _____

7. frequent   _____

8. intelligent _____

9. patient   _____

10. president   _____

11. serpent   _____

12. urgent   _____

Here are the Portuguese words. Check if you got them right. You will also find many more words that you didn't know that you knew.

absorvente	convergente	florescente
acidente	correspondente	frequente
adjacente	decadente	impaciente
adolescente	decente	impertinente
agente	deficiente	impotente
ambiente	delinquente	imprudente
ambivalente	dependente	incandescente
antecedente	descendente	incidente
aparente	detergente	incoerente
benevolente	diferente	incompetente
cliente	diligente	incongruente
coerente	desobediente	inconveniente
competente	dissidente	indecente
componente	divergente	independente
concorrente	eficiente	indiferente
confidente	eloquente	indulgente
congruente	eminente	ineficiente
continente	equivalente	ingrediente
contingente	evidente	inerente
conveniente	excelente	inocente

insistente	onipresente	recipiente
insolente	onisciente	recorrente
insolvente	oriente	repelente
insuficiente	patente	residente
insurgente	paciente	reticente
inteligente	permanente	serpente
interdependente	persistente	solvente
intermitente	pertinente	suficiente
irreverente	potente	superintendente
latente	preeminente	tangente
magnificente	preexistente	torrente
negligente	presente	transcendente
nutriente	presidente	transparente
obediente	proeminente	urgente
onipotente	recente	vice-presidente

CAPÍTULO 11.

AR

Words ending in -**ate** in English become -**ar** in Portuguese.

Translate these words into Portuguese and then check the answers on the next page.

1. accumulate   _____

2. calculate   _____

3. celebrate   _____

4. contaminate   _____

5. cultivate   _____

6. elaborate   _____

7. speculate   _____

8. fabricate   _____

9. initiate   _____

10. negotiate   _____

11. participate   _____

12. validate   _____

Here are the Portuguese words. Check if you got them right. You will also find many more words that you didn't know that you knew.

abreviar	celebrar	delegar
acelerar	circular	deliberar
ativar	coagular	delinear
acumular	colaborar	denunciar
administrar	compensar	depreciar
afiliar	complicar	derivar
agitar	comunicar	designar
agravar	concentrar	desolar
agregar	confiscar	deteriorar
alienar	parabenizar	devastar
altercar	congregar	ditar
alternar	conjugar	diferenciar
amputar	consolidar	dilatar
animar	contaminar	discriminar
antecipar	contemplar	disseminar
admirar	cooperar	deslocar
aproximar	coordenar	domesticar
articular	corroborar	dominar
assassinar	criar	doar
asfixiar	culminar	duplicar
assimilar	cultivar	educar
associar	debilitar	elaborar
autenticar	decapitar	eliminar
calcular	decorar	emanar
castigar	dedicar	emancipar
castrar	degenerar	emascular

emigrar	graduar	irrigar
enumerar	habituar	irritar
enunciar	hesitar	lacerar
equivocar	humilhar	liberar
especular	iluminar	liquidar
estimar	imitar	litigar
estimular	implicar	lubricar
estrangular	inaugurar	manipular
evacuar	incinerar	mastigar
evaporar	incorporar	medicar
exagerar	incriminar	meditar
exasperar	incubar	menstruar
escavar	indicar	moderar
esfoliar	enfatuar	motivar
exonerar	infiltrar	mutilar
expatriar	inflar	narrar
exterminar	iniciar	navegar
fabricar	imigrar	necessitar
facilitar	inovar	negar
fascinar	inocular	negociar
filtrar	insinuar	nominar
flutuar	instigar	obrigar
formular	insular	originar
fornicar	interrogar	orquestrar
frustrar	intimidar	oscilar
fumigar	intoxicar	oxigenar
gerar	investigar	palpar
gesticular	irradiar	participar

penetrar	regenerar	sindicar
perfurar	regular	situar
perpetuar	regurgitar	subordinar
postular	reabilitar	substanciar
precipitar	reiterar	terminar
predicar	relegar	tolerar
predominar	remunerar	triangular
premeditar	renovar	vacilar
proliferar	repatriar	validar
prognosticar	ressuscitar	vegetar
propagar	revalidar	ventilar
radiar	saturar	vibrar
reciprocar	segregar	vindicar
recuperar	separar	violar
refrigerar	sincopar	

CAPÍTULO 12.
ÁRIO

Words ending in -**ary** in English become -**ário** in Portuguese.

Translate these words into Portuguese and then check the answers on the next page.

1. adversary   _____

2. contrary   _____

3. dictionary   _____

4. extraordinary   _____

5. glossary   _____

6. imaginary   _____

7. necessary   _____

8. primary   _____

9. revolutionary   _____

10. salary   _____

11. secretary   _____

12. vocabulary   _____

Here are the Portuguese words. Check if you got them right. You will also find many more words that you didn't know that you knew.

adversário	imaginário	rosário
aniversário	intermediário	salário
arbitrário	involuntário	sanitário
binário	ternário	santuário
canário	legendário	secundário
contrário	literário	secretário
coronário	mercenário	sedimentário
culinário	monetário	solitário
diário	necessário	subsidiário
dicionário	notário	sumário
dignitário	obituário	suplementário
dispensário	ordinário	temporário
divisionário	ovário	terciário
estacionário	penitenciário	tributário
extraordinário	planetário	veterinário
glossário	primário	vocabulário
hereditário	reacionário	
honorário	revolucionário	

CAPÍTULO 13.

MENTO

Words ending in -**ment** in English become -**mento** in Portuguese.

Translate these words into Portuguese and then check the answers on the next page.

1. apartment _____

2. document _____

3. element _____

4. instrument _____

5. moment _____

6. monument _____

7. movement _____

8. parliament _____

9. resentment _____

10. supplement _____

11. testament _____

12. treatment _____

Here are the Portuguese words. Check if you got them right. You will also find many more words that you didn't know that you knew.

agravamento	enriquecimento	pigmento
apartamento	fermento	regimento
adiamento	filamento	ressentimento
argumento	firmamento	regimento
armamento	impedimento	rudimento
cimento	aumento	sacramento
complemento	instrumento	sedimento
comportamento	lamento	segmento
condimento	ligamento	sentimento
confinamento	monumento	suplemento
contentamento	momento	temperamento
departamento	movimento	testamento
detrimento	ornamento	tormento
documento	parlamento	tratamento
elemento	pavimento	

CAPÍTULO 14.
ÊNCIA

Words ending in -**ence** in English become -**ência/-ça** in Portuguese.

Translate these words into Portuguese and then check the answers on the next page.

1. adolescence _____

2. science _____

3. conference _____

4. correspondence _____

5. diligence _____

6. experience _____

7. influence _____

8. patience _____

9. preference _____

10. residence _____

11. turbulence _____

12. violence _____

Here are the Portuguese words. Check if you got them right. You will also find many more words that you didn't know that you knew.

abstinência	congruência	excelência
adolescência	consequência	existência
ambivalência	convalescença	experiência
audiência	consciência	frequência
benevolência	convergência	impaciência
cadência	correspondência	impertinência
ciência	dependência	impotência
circunferência	desobediência	imprudência
coexistência	diferença	incoerência
coerência	diligência	incompetência
coincidência	dissidência	inconsistência
competência	eloquência	inconsistência
complacência	emergência	incontinência
consciência	eminência	independência
condolência	essência	indiferença
conferência	evidência	inexperiência

inferência	obsolescência	referência
influência	onipotência	residência
inocência	onipresença	relutância
insistência	opulência	sequência
inteligência	paciência	subsistência
interdependência	persistência	teleconferência
interferência	preeminência	transferência
licença	preferência	transparência
magnificência	presença	turbulência
negligência	proeminência	videoconferência
obediência	providência	violência

CAPÍTULO 15.
VEL

Words ending in -**ble** in English become -**vel** in Portuguese.

Translate these words into Portuguese and then check the answers on the next page.

1. acceptable _____

2. adaptable _____

3. adjustable _____

4. applicable _____

5. combustible _____

6. flexible _____

7. horrible _____

8. invisible _____

9. possible _____

10. reversible _____

11. sociable _____

12. visible _____

Here are the Portuguese words. Check if you got them right. You will also find many more words that you didn't know that you knew.

aceitável	determinável	inalienável
adaptável	detestável	inaudível
admirável	disputável	incalculável
admissível	divisível	incomparável
adorável	durável	incompreensível
afável	excitável	inconsolável
ajustável	explicável	incontrolável
aplicável	explorável	incorruptível
apreciável	exportável	incurável
audível	falível	indefinível
biodegradável	favorável	indescritível
calculável	flexível	indispensável
combustível	formidável	indisputável
comparável	habitável	inestimável
compatível	honorável	inevitável
considerável	horrível	inexcusável
consolável	ilegível	inexplicável
consumível	imaginável	infalível
contestável	impecável	inflamável
controlável	imperceptível	inflexível
conversível	impossível	inimaginável
corruptível	impressionável	ininteligível
culpável	improvável	inoperável
curável	inacessível	insaciável
demonstrável	inaceitável	inseparável
deplorável	inadmissível	insociável

intangível	operável	responsável
intolerável	palpável	reversível
invariável	passável	separável
invisível	perceptível	sociável
irreconciliável	perdoável	solúvel
irresistível	permissível	tangível
irrevocável	plausível	terrível
irritável	possível	tolerável
lamentável	preferível	transferível
laudável	apresentável	transformável
legível	provável	variável
maleável	programável	viável
memorável	recomendável	visível
negociável	reconciliável	vulnerável
notável	reparável	
observável	respeitável	

CAPÍTULO 16.
IVO

Words ending in **-ive** in English become **-ivo** in Portuguese.

Translate these words into Portuguese and then check the answers on the next page.

1. active _____

2. administrative _____

3. affirmative _____

4. archive _____

5. creative _____

6. exclusive _____

7. executive _____

8. fugitive _____

9. native _____

10. negative _____

11. positive _____

12. productive _____

Here are the Portuguese words. Check if you got them right. You will also find many more words that you didn't know that you knew.

abrasivo	conclusivo	distintivo
abusivo	condutivo	educativo
ativo	comemorativo	efetivo
acumulativo	consecutivo	eletivo
adesivo	conservativo	erosivo
aditivo	construtivo	especulativo
adjetivo	contemplativo	evasivo
administrativo	cooperativo	evocativo
adotivo	corretivo	excessivo
afetivo	corrosivo	exclusivo
afirmativo	corruptivo	executivo
agressivo	criativo	exaustivo
alternativo	qualitativo	expansivo
alusivo	curativo	explosivo
apreensivo	decisivo	expressivo
arquivo	defensivo	extensivo
associativo	definitivo	festivo
atrativo	degenerativo	figurativo
cognitivo	digestivo	formativo
coesivo	demonstrativo	fugitivo
coletivo	depressivo	hiperativo
combativo	derivativo	ilustrativo
comparativo	descritivo	imaginativo
competitivo	destrutivo	imitativo
compulsivo	diminutivo	imperativo
comunicativo	diretivo	

improdutivo

impulsivo

inativo

incentivo

incisivo

inclusivo

indicativo

infinitivo

informativo

inofensivo

inquisitivo

instintivo

instrutivo

intensivo

interpretativo

interrogativo

intransitivo

introspetivo

intuitivo

inventivo

legislativo

lucrativo

massivo

motivo

narrativo

nativo

negativo

nominativo

objetivo

obsessivo

ofensivo

operativo

opressivo

passivo

perceptivo

permissivo

persuasivo

possesivo

positivo

preparativo

presuntivo

preventivo

primitivo

produtivo

progressivo

proibitivo

prospetivo

provocativo

radioativo

reativo

receptivo

recessivo

recreativo

reflexivo

regressivo

relativo

repetitivo

representativo

repressivo

reprodutivo

repulsivo

respetivo

restritivo

retentivo

retroativo

retrospectivo

sedativo

dedutivo

seletivo

subjetivo

subjuntivo

subversivo

sucessivo

sugestivo

superlativo

transitivo

CAPÍTULO 17.
FICAR

Words ending in **-fy** in English become **-ficar** in Portuguese.

Translate these words into Portuguese and then check the answers on the next page.

1. certify   _____

2. diversify   _____

3. identify   _____

4. intensify   _____

5. justify   _____

6. pacify   _____

7. personify   _____

8. qualify   _____

9. sanctify   _____

10. simplify   _____

11. solidify   _____

12. unify   _____

Here are the Portuguese words. Check if you got them right. You will also find many more words that you didn't know that you knew.

acidificar	falsificar	pacificar
amplificar	fortificar	personificar
certificar	gasificar	petrificar
clarificar	glorificar	purificar
codificar	gratificar	ratificar
crucificar	umidificar	retificar
qualificar	identificar	santificar
quantificar	intensificar	significar
danificar	justificar	simplificar
diversificar	magnificar	solidificar
classificar	mistificar	testificar
dignificar	modificar	tipificar
edificar	mumificar	unificar
eletrificar	mortificar	verificar

CAPÍTULO 18.
GIA

Words ending in -**gy** in English become -**gia** in Portuguese.

Translate these words into Portuguese and then check the answers on the next page.

1. Allergy   _____

2. biology   _____

3. ecology   _____

4. ideology   _____

5. strategy   _____

6. morphology   _____

7. mythology   _____

8. neurology   _____

9. radiology   _____

10. sociology   _____

11. technology   _____

12. theology   _____

Here are the Portuguese words. Check if you got them right. You will also find many more words that you didn't know that you knew.

alergia	estratégia	oncologia
analogia	fisiologia	orgia
antologia	genealogia	parapsicologia
antropologia	geologia	patologia
arqueologia	ginecologia	pedagogia
astrologia	hidrologia	psicologia
biologia	ideologia	radiologia
biotecnologia	meteorologia	sinergia
cosmologia	metodologia	sociologia
criminologia	microbiologia	tecnologia
cronologia	mitologia	teologia
dermatologia	morfologia	terminologia
ecologia	neurologia	trilogia
energia	numerologia	zoologia

CAPÍTULO 19.
ÓRIO

Words ending in **-ory** in English become **-ório or -ória** in Portuguese.

Translate these words into Portuguese and then check the answers on the next page.

1. accessory _____

2. category _____

3. discriminatory _____

4. glory _____

5. history _____

6. illusory _____

7. laboratory _____

8. memory _____

9. migratory _____

10. observatory _____

11. territory _____

12. victory _____

Here are the Portuguese words. Check if you got them right. You will also find many more words that you didn't know that you knew.

acessório	ilusório	promontório
acusatório	inflamatório	purgatório
anti-inflamatório	laboratório	refeitório
categoria	memória	repertório
conservatório	migratória	respiratório
contraditório	migratório	supositório
difamatório	obrigatório	território
discriminatório	observatório	trajetória
exploratório	oratória	vitória
glória	pré-história	
história	preparatório	

CAPÍTULO 20.

IDO

Words ending in **-id** in English become **-ido** in Portuguese.

Translate these words into Portuguese and then check the answers on the next page.

1. acid _____

2. antacid _____

3. arid _____

4. humid _____

5. hybrid _____

6. liquid _____

7. lucid _____

8. rapid _____

9. rigid _____

10. solid _____

11. stupid _____

12. valid _____

Here are the Portuguese words. Check if you got them right. You will also find many more words that you didn't know that you knew.

ácido	híbrido	perácido
arácnido	hidrácido	rápido
árido	insípido	rígido
ávido	límpido	sólido
bífido	lípido	tímido
cândido	líquido	válido
diácido	lívido	antiácido
dióxido	lúcido	fluido
estúpido	monoácido	úmido
fásmido	mórbido	

CAPÍTULO 21.

IZAR

Words ending in **IZE** in English become **IZAR** in Portuguese.

Translate these words into Portuguese and then check the answers on the next page.

1. analyze   _____

2. authorize   _____

3. centralize   _____

4. evangelize   _____

5. generalize   _____

6. idealize   _____

7. industrialize   _____

8. maximize   _____

9. organize   _____

10. socialize   _____

11. traumatize   _____

12. utilize   _____

Here are the Portuguese words. Check if you got them right. You will also find many more words that you didn't know that you knew.

agonizar	economizar	hospitalizar
alfabetizar	energizar	humanizar
analisar	escandalizar	improvisar
harmonizar	especializar	individualizar
atomizar	espiritualizar	idealizar
autorizar	estabilizar	industrializar
barbarizar	estandardizar	imortalizar
batizar	esterilizar	imunizar
brutalizar	evangelizar	intelectualizar
capitalizar	exorcizar	internalizar
caracterizar	familiarizar	ionizar
carbonizar	fertilizar	italianizar
centralizar	finalizar	latinizar
climatizar	formalizar	liberalizar
colonizar	fossilizar	localizar
comercializar	fraternizar	materializar
cristalizar	rivalizar	maximizar
democratizar	galvanizar	mecanizar
dogmatizar	generalizar	memorizar
dramatizar	homogeneizar	militarizar

miniaturizar	paralisar	singularizar
minimizar	penalizar	sintetizar
modernizar	personalizar	sistematizar
monetizar	pluralizar	socializar
monopolizar	polarizar	teorizar
moralizar	popularizar	tiranizar
motorizar	privatizar	tranquilizar
mobilizar	profissionalizar	traumatizar
nacionalizar	profetizar	trivializar
naturalizar	protagonizar	urbanizar
neutralizar	pulverizar	utilizar
normalizar	satirizar	vaporizar
oficializar	simbolizar	vitalizar
otimizar	simpatizar	visualizar
organizar	sincronizar	vocalizar

CAPÍTULO 22.
ÂNCIA

Words ending in -**ance** in English become -**ância** in Portuguese.

Translate these words into Portuguese and then check the answers on the next page.

1. abundance   _____

2. ambulance   _____

3. arrogance   _____

4. circumstance   _____

5. distance   _____

6. elegance   _____

7. ignorance   _____

8. importance   _____

9. perseverance   _____

10. resonance   _____

11. substance   _____

12. tolerance   _____

Here are the Portuguese words. Check if you got them right. You will also find many more words that you didn't know that you knew.

abundância	fragrância	preponderância
ambulância	ignorância	redundância
arrogância	importância	relevância
circunstância	insignificância	ressonância
distância	intolerância	substância
elegância	observância	tolerância
extravagância	perseverança	vigilância

CAPÍTULO 23.

OSO

Words ending in -**ous** in English become -**oso** in Portuguese.

Translate these words into Portuguese and then check the answers on the next page.

1. ambitious   _____

2. anxious   _____

3. specious   _____

4. contagious   _____

5. curious   _____

6. fabulous   _____

7. furious   _____

8. glorious   _____

9. luxurious   _____

10. mysterious   _____

11. religious   _____

12. rigorous   _____

Here are the Portuguese words. Check if you got them right. You will find many more words that you didn't know that you knew.

ambicioso	gasoso	pomposo
amoroso	generoso	populoso
ansioso	glamoroso	poroso
harmonioso	glorioso	precioso
caloso	impetuoso	prestigioso
canceroso	incestuoso	pretensioso
caprichoso	industrioso	prodigioso
cavernoso	engenhoso	religioso
zeloso	insidioso	rigoroso
cerimonioso	laborioso	ruinoso
contagioso	litigioso	suspeitoso
copioso	luminoso	supersticioso
curioso	luxuoso	tedioso
delicioso	milagroso	tempestuoso
desastroso	malicioso	tortuoso
invejoso	melodioso	tumultuoso
escandaloso	meticuloso	vaporoso
escrupuloso	misterioso	vicioso
espaçoso	monstruoso	vitorioso
estudioso	mucoso	vigoroso
fabuloso	nebuloso	virtuoso
famoso	nervoso	viscoso
fastidioso	numeroso	voluptuoso
furioso	oneroso	

CAPÍTULO 24.

SE

Words ending in -**sis** in English become -**se** in Portuguese.

Translate these words into Portuguese and then check the answers on the next page.

1. analysis

2. crisis

3. glycolysis

4. haemodialysis

5. hypnosis

6. hypothesis

7. metamorphosis

8. neurosis

9. parenthesis

10. prosthesis

11. thesis

12. tuberculosis

Here are the Portuguese words. Check if you got them right. You will also find many more words that you didn't know that you knew.

amebíase

amniocentese

análise

anaplasmose

anastomose

anquilose

antítese

apoptose

apoteose

arteriosclerose

artrodese

asbestose

ascaridíase

aspergilose

aterosclerose

autocatálise

autólise

babesiose

biossíntese

bissinose

blastomicose

brucelose

calcinose

candidíase

carcinomatose

catacrese

cataforese

catálise

catequese

cetose

ciclogênese

cifose

cirrose

cisticercose

citólise

clorose

coccidiose

colestase

criptoanálise

crise

cromatólise

dermatose

diacinese

diálise

diapedese

diurese

eletrogênese

eletrólise

endocitose

endomitose

epêntese

epífise

epigênese

equinococose

esclerose

escoliose

espermatogênese

esquistossomose

estenose

estrongiloidíase

fagocitose

fibrose

filariose

fluorose

fotólise

fotossíntese

furunculose

gametogênese

gênese

giardíase

glicólise

gliconeogênese

helmintíase

hematopoiese

hemodiálise

hemólise

heterólise

hidrólise

hipnose	monilíase	psicanálise
hipóstase	mononucleose	psicogênese
hipótese	morfogênese	psicose
histerese	mutagênese	psitacose
histogênese	narcose	radiólise
histólise	necrose	reanálise
histoplasmose	nefrose	salmonelose
leishmaniose	neurose	sarcoidose
leptospirose	nucleossíntese	siderose
leucocitose	oncocercose	silicose
linfocitose	organogênese	simbiose
lipólise	órtese	sindesmose
lise	osmose	sinérese
litíase	osteogênese	sínfise
lordose	osteoporose	síntese
meiose	otosclerose	teníase
meta-análise	parêntese	tese
metamorfose	partenogênese	tricomoníase
metástase	pedogênese	triquinose
metátese	pedomorfose	trombose
metempsicose	pirólise	tuberculose
micose	pneumoconiose	virose
midríase	proteólise	
mitose	prótese	

CAPÍTULO 25.
ISMO

Words ending in -**ism** in English become -**ismo** in Portuguese.

Translate these words into Portuguese and then check the answers on the next page.

1. activism _____

2. alcoholism _____

3. atheism _____

4. autism _____

5. bilingualism _____

6. buddhism _____

7. capitalism _____

8. catholicism _____

9. colonialism _____

10. communism _____

11. ecotourism _____

12. judaism _____

Here are the Portuguese words. Check if you got them right. You will find many more words that you didn't know that you knew.

absentismo	atavismo	centralismo
absolutismo	aticismo	centrismo
academicismo	atletismo	chauvinismo
acromatismo	atomismo	cinismo
ateísmo	autismo	classicismo
actinismo	autoerotismo	clericalismo
ativismo	automorfismo	colonialismo
aforismo	autoritarismo	colorismo
alarmismo	biblicismo	comensalismo
albinismo	bicameralismo	comunismo
alcoolismo	bilateralismo	conceptualismo
alelismo	bilinguismo	concretismo
anacronismo	bimetalismo	conformismo
analfabetismo	bipartidarismo	conservatismo
anarquismo	bolchevismo	construtivismo
anglicismo	botulismo	consumismo
animalismo	bruxismo	convencionalismo
animismo	budismo	corporativismo
antagonismo	burocratismo	criacionismo
anticomunismo	caciquismo	cretinismo
antirrealismo	canibalismo	cromatismo
carreirismo	capitalismo	cultismo
ascetismo	catabolismo	demonismo
associativismo	catastrofismo	derrotismo
asterismo	catecismo	despotismo
astigmatismo	catolicismo	determinismo

diamagnetismo

diastrofismo

difusionismo

diletantismo

dimorfismo

dinamismo

divisionismo

dogmatismo

druidismo

dualismo

ecletismo

ecoturismo

ecumenismo

egocentrismo

egotismo

elitismo

empirismo

enciclopedismo

endemismo

epifitismo

eremitismo

eretismo

ergotismo

erotismo

esoterismo

estatismo

esteticismo

etnocentrismo

eudemonismo

eufemismo

evemerismo

evolucionismo

exclusivismo

exibicionismo

existencialismo

exorcismo

expansionismo

experimentalismo

expressionismo

extremismo

fanatismo

fascismo

fatalismo

fauvismo

favoritismo

federalismo

igualitarismo

mercantilismo

montanhismo

quimiotropismo

racismo

socialismo

terrorismo

vandalismo

altruísmo

judaísmo

CAPÍTULO 26.

AGEM

Words ending in -**age** in English become -**agem** in Portuguese.

Translate these words into Portuguese and then check the answers on the next page.

1. baggage   _____

2. courage   _____

3. espionage   _____

4. garage   _____

5. homage   _____

6. massage   _____

7. message   _____

8. passage   _____

9. sabotage   _____

10. savage   _____

Here are the Portuguese words. Check if you got them right. You will find many more words that you didn't know that you knew.

amperagem	espionagem	pelagem
ancoragem	filmagem	peonagem
arbitragem	forragem	personagem
bagagem	fotomontagem	pilhagem
barragem	fuselagem	plotagem
blindagem	garagem	prensagem
camuflagem	homenagem	quilometragem
cartilagem	imagem	remontagem
colagem	libertinagem	repescagem
coragem	linhagem	reportagem
corretagem	massagem	sabotagem
cubagem	mensagem	selvagem
cunhagem	miragem	senhoriagem
desvantagem	passagem	
drenagem	pastagem	

CAPÍTULO 27.

AMA

Words ending in -**am** in English become -**ama** in Portuguese.

Translate these words into Portuguese and then check the answers on the next page.

1. aerogram _____

2. decigram _____

3. electrocardiogram _____

4. gram _____

5. hexagram _____

6. histogram _____

7. hologram _____

8. kilogram _____

9. program _____

10. telegram _____

Here are the Portuguese words. Check if you got them right. You will find many more words that you didn't know that you knew.

aerograma	fonograma
centigrama	grama
cladograma	hexagrama
criptograma	histograma
dendrograma	holograma
decigrama	ideograma
diagrama	logograma
ecocardiograma	monograma
ecograma	nomograma
eletrocardiograma	pictograma
eletromiograma	programa
engrama	quilograma
epigrama	radiograma
espectrograma	telegrama
estereograma	

CAPÍTULO 28.

EMA

Words ending in -**em** in English become -**ema** in Portuguese.

Translate these words into Portuguese and then check the answers on the next page.

1. ecosystem   _____

2. emblem   _____

3. stratagem   _____

4. photosystem   _____

5. metaxylem   _____

6. poem   _____

7. problem   _____

8. phloem   _____

9. system   _____

10. theorem   _____

Here are the Portuguese words. Check if you got them right. You will find many more words that you didn't know that you knew.

ecossistema	metaxilema	subproblema
emblema	poema	subsistema
estratagema	problema	super sistema
exantema	floema	teorema
fotossistema	protoxilema	xilema
gema	sistema	

CAPÍTULO 29.

IO

Words ending in -**ium** in English become -**io** in Portuguese.

Translate these words into Portuguese and then check the answers on the next page.

1. aquarium _____

2. aluminium _____

3. beryllium _____

4. calcium _____

5. helium _____

6. magnesium _____

7. podium _____

8. potassium _____

9. sodium _____

10. stadium _____

11. titanium _____

12. uranium _____

Here are the Portuguese words. Check if you got them right. You will find many more words that you didn't know that you knew.

actínio	hélio	polônio
alodio	hidrônio	potássio
alumínio	himénio	presídio
amerício	irídio	primórdio
amónio	latifúndio	rádio
aquário	lítio	ródio
átrio	magnésio	rosário
bário	manúbrio	rubídio
berílio	marsúpio	rutênio
cádmio	mecônio	sacrário
cálcio	mendelévio	samário
cério	mesotélio	sanatório
césio	micélio	selênio
compêndio	mínio	sensório
condomínio	miracídio	silício
crematório	neptúnio	simpósio
deutério	nióbio	sódio
diazônio	oceanário	tálio
dilúvio	oídio	tecnécio
disprósio	ópio	térbio
eflúvio	ósmio	titânio
endotélio	paládio	tório
equilíbrio	pecúlio	triclínio
érbio	peridio	trifório
estádio	pigídio	túlio
exórdio	plutônio	urânio
germânio	pódio	zircônio

CAPÍTULO 30.

URA

Words ending in -**ure** in English become -**ura** in Portuguese.

Translate these words into Portuguese and then check the answers on the next page.

1. agriculture _____

2. architecture _____

3. creature _____

4. culture _____

5. sculpture _____

6. stature _____

7. structure _____

8. sepulture _____

9. tablature _____

10. temperature _____

11. texture _____

12. torture _____

Here are the Portuguese words. Check if you got them right. You will find many more words that you didn't know that you knew.

abertura	estatura	púrpura
acupuntura	estrutura	quadratura
agricultura	fissura	rutura
apicultura	floricultura	sepultura
aquicultura	fratura	sericultura
arboricultura	horticultura	silvicultura
arquitetura	impostura	somatopleura
aventura	incisura	subcultura
avicultura	infraestrutura	subliteratura
bordadura	judicatura	tablatura
borradura	legislatura	temperatura
candidatura	ligadura	tessitura
caricatura	literatura	textura
censura	magistratura	tintura
citricultura	maricultura	tonsura
conjuntura	microvasculatura	tortura
contextura	miniatura	ultrapura
contracultura	musculatura	vasculatura
criatura	nomenclatura	vinicultura
cultura	nunciatura	viticultura
curvatura	piscicultura	
dentadura	prefeitura	
embocadura	prelatura	
escultura	primogenitura	

CAPÍTULO 31.
ADA

Words ending in -**ade** in English become -**ada** in Portuguese.

Translate these words into Portuguese and then check the answers on the next page.

1. barricade _____

2. brigade _____

3. charade _____

4. crusade _____

5. decade _____

6. facade _____

7. grenade _____

8. lemonade _____

9. marmalade _____

10. pomade _____

Here are the Portuguese words. Check if you got them right. You will find many more words that you didn't know that you knew.

alvorada	cruzada	fanfarronada
arlequinada	década	galopada
balaustrada	digitígrada	granada
barricada	emboscada	limonada
brigada	mascarada	marmelada
cavalgada	paliçada	pomada
charada	fachada	retrógrada

CAPÍTULO 32.
CIA

Words ending in -**cy** in English become -**cia** in Portuguese.

Translate these words into Portuguese and then check the answers on the next page.

1. agency   _____

2. bureaucracy   _____

3. consistency   _____

4. deficiency   _____

5. democracy   _____

6. efficiency   _____

7. emergency   _____

8. frequency   _____

9. infancy   _____

10. pharmacy   _____

11. presidency   _____

12. theocracy   _____

Here are the Portuguese words. Check if you got them right. You will find many more words that you didn't know that you knew.

agência	covalência	exuberância
aristocracia	decadência	falácia
autocracia	decência	farmácia
beligerância	deficiência	flatulência
burocracia	democracia	frequência
cadência	dependência	ginecocracia
clemência	diplomacia	hidromancia
codependência	discordância	iminência
coerência	discrepância	impermanência
complacência	divergência	impotência
concorrência	eficácia	inclemência
congruência	eficiência	incompetência
consistência	elegância	inconsequência
constância	emergência	inconstância
contingência	eminência	incontinência
contratendencia	equivalência	inconveniência
contumacia	estratocracia	indecência
conveniência	excelência	independência
convergência	exigência	ineficácia
corpulência	extravagância	infância

infrequência	persistência	resistência
imanência	pertinência	sapiência
inocência	petulância	solvência
insignificância	piromancia	subjacência
insistência	potência	suficiência
insolvência	precedência	superintendência
insuficiência	preponderância	tecnocracia
irrelevância	prepotência	tendência
meritocracia	presidência	teocracia
militância	proeminência	timocracia
monocracia	pudicícia	transcendência
monoecia	quiromancia	transparência
nigromancia	redundância	turbulência
oclocracia	regência	turgência
ocorrência	repelência	vagância/vacância
oniromancia	repugnância	valência
permanência	residência	virulência

CAPÍTULO 33.

FIA

Words ending in -**phy** in English become -**fia** in Portuguese.

Translate these words into Portuguese and then check the answers on the next page.

1. autobiography   _____

2. bibliography   _____

3. calligraphy   _____

4. choreography   _____

5. discography   _____

6. geography   _____

7. lexicography   _____

8. oceanography   _____

9. philosophy   _____

10. photography   _____

11. radiography   _____

12. telegraphy   _____

Here are the Portuguese words. Check if you got them right. You will find many more words that you didn't know that you knew.

angiografia	encefalografia	ideologia
antroposofia	epigrafia	lexicografia
arteriografia	espectrografia	litografia
astrofotografia	estereografia	mamografia
atrofia	estratigrafia	metalografia
autobiografia	etnografia	microfotografia
autografia	eutrofia	mitografia
autorradiografia	filmografia	oceanografia
autotrofia	filosofia	orografia
bibliografia	flebografia	ortografia
biografia	flexografia	paleografia
biogeografia	fluorografia	petrografia
cacografia	fonocardiografia	pictografia
caligrafia	fonografia	pletismografia
cardiografia	fotografia	polarografia
cartografia	fotolitografia	pornografia
cenografia	fotomicrografia	prosopografia
coreografia	fototelegrafia	prototrofia
cosmografia	geografia	radiografia
criptografia	hagiografia	radiotelegrafia
cristalografia	heterotrofia	reprografia
cromatografia	hidrografia	serigrafia
cromolitografia	hipertrofia	sismografia
demografia	historiografia	sofia
discografia	holografia	telegrafia
distrofia	iconografia	

CAPÍTULO 34.

EA - EIA

These words that end in -**ea** are exactly like the Portuguese ones with a few small spelling changes.

Here are the Portuguese words.

área	elodea	piorreia
asea	espírea	polipneia
azálea	fóvea	seborreia
coréia	gonorreia	subárea
córnea	ideia	traqueia
diarreia	miscelânea	tróclea
dismenorreia	oleia	ureia
dulcinea	palea	úvea

CAPÍTULO 35.
CULO

Words ending in -**cle** in English become -**culo** in Portuguese.

Translate these words into Portuguese and then check the answers on the next page.

1. cycle _____

2. circle _____

3. cubicle _____

4. spectacle _____

5. monocle _____

6. muscle _____

7. obstacle _____

8. oracle _____

9. tabernacle _____

10. testicle _____

11. vehicle _____

12. pentacle _____

Here are the Portuguese words. Check if you got them right. You will find many more words that you didn't know that you knew.

cenáculo	funículo	periciclo
ciclo	furúnculo	pináculo
círculo	quilociclo	receptáculo
conceptáculo	megaciclo	retículo
corpúsculo	monociclo	semicírculo
cubículo	monóculo	tabernáculo
dentículo	músculo	tentáculos
epiciclo	obstáculo	testículo
espetáculo	oráculo	triciclo
espiráculo	pedículo	tubérculo
fascículo	pedúnculo	utrículo
folículo	pentáculo	veículo

CAPÍTULO 36.

ANO

Words ending in -**an** in English become -**ano** in Portuguese.

Translate these words into Portuguese and then check the answers on the next page.

1. human   _____

2. martian   _____

3. meridian   _____

4. metropolitan   _____

5. ocean   _____

6. presbyterian   _____

7. republican   _____

8. roman   _____

9. suburban   _____

10. urban   _____

11. vegetarian   _____

12. veteran   _____

Here are the Portuguese words. Check if you got them right. You will find many more words that you didn't know that you knew.

antediluviano	interurbano	republicano
arquidiocesano	marciano	romano
castelhano	meridiano	samaritano
ceciliano	metropolitano	sobre-humano
circadiano	miliciano	suburbano
cotidiano	oceano	tímpano
desumano	otomano	trépano
diluviano	pelicano	triptofano
diocesano	presbiteriano	urbano
dioxano	pretoriano	vegetariano
espartano	publicano	veneziano
humano	puritano	veterano

CAPÍTULO 37.

IA

Most English words that end in -**ia** are exactly like the Portuguese ones with a few small spelling changes.

Here are the Portuguese words.

acácia	anoxemia	estadia
academia	anoxia	euforia
acalasia	asfixia	eupepsia
acedia	astasia	eutanásia
acequia	astenia	filaria
acolia	asteria	fímbria
acondroplasia	ataraxia	fobia
acrofobia	ataxia	glória
adularia	atresia	hemofilia
agnosia	atrofia	hemoglobinuria
agorafobia	bactéria	hérnia
albuminúria	bolívia	hidrofobia
alexia	difteria	hipercapnia
amnésia	disfagia	hiperemia
analgesia	disfasia	hiperglicemia
anemia	dislexia	hiperlipemia
anergia	dispepsia	hipermídia
anestesia	eclâmpsia	hipermnésia
angaria	ecolalia	hiperplasia
anorexia	ectopia	hipertermia
anosmia	enciclopédia	homofobia

CAPÍTULO 38.

PLO

Words ending in -**ple** in English become -**plo** in Portuguese.

Translate these words into Portuguese and then look up in a dictionary for the answers.

1. ample   _____

2. centuple   _____

3. disciple   _____

4. example   _____

5. participle   _____

6. principle   _____

7. quadruple   _____

8. scruple   _____

9. sextuple   _____

10. multiple   _____

11. temple   _____

Here are the Portuguese words. Check if you got them right. You will find many more words that you didn't know that you knew.

amplo

cêntuplo

discípulo

exemplo

particípio

princípio

quadruplo

escrúpulo

sêxtuplo

múltiplo

templo

CAPÍTULO 39.

INA

Words ending in -**in** or -**ine** in English become -**ina** in Portuguese.

Translate these words into Portuguese and then check the answers on the next page.

1. adrenalin _____

2. amine _____

3. amoxicillin _____

4. amphetamine _____

5. antitoxin _____

6. aspirin _____

7. bobbin _____

8. caffeine _____

9. gasoline _____

10. medicine _____

11. vitamin _____

Here are the Portuguese words. Check if you got them right. You will find many more words that you didn't know that you knew.

acetina	aminopirina	atrazina
acroleína	amoxicilina	atropina
actina	ampicilina	auxina
adenosina	anfetamina	azatioprina
adrenalina	anilina	azidotimidina
aeromedicina	antimicina	azina
aglutinina	antipirina	bilirrubina
alanina	antitoxina	biotina
alantoína	antitrombina	bobina
albumina	antivitamina	cafeína
alizarina	antocianina	calcitonina
almandina	apomorfina	calicreína
aloína	argentina	medicina
amigdalina	arginina	gasolina
amilopectina	arsina	platina
amina	asparagina	vitamina
aminofilina	aspirina	

CAPÍTULO 40.
STAY THE SAME

Most English words that end in -**ar** are exactly like the Portuguese ones with a few small spelling changes.

Here are the Portuguese words.

altar	biovular	curricular
angular	bipolar	cuticular
antinuclear	bolívar	dólar
anular	canicular	escalar
arteriolar	capsular	espetacular
articular	cardiovascular	extracelular
avascular	caviar	extravascular
avatar	cerebrovascular	familiar
avicular	circular	fibrilar
axilar	circumpolar	foliar
bacilar	circunlunar	funicular
bar	cislunar	gastrovascular
basilar	consular	glandular
bimolecular	corpuscular	globular
binocular	cupular	impopular

interestelar	nodular	solar
interlunar	nuclear	tabernacular
intermolecular	ocular	tabular
internuclear	opercular	testicular
irregular	particular	transpolar
jaguar	patamar	triangular
jugular	peculiar	tubular
megabar	perpendicular	unicelular
mini-bar	planar	unifilar
modular	polar	unilocular
molecular	popular	utricular
multicelular	pré-molar	uvular
multimolecular	radicular	vacuolar
multinuclear	regular	valvular
multipolar	retangular	vascular
muscular	semilunar	ventricular
néctar	singular	vestibular

CAPÍTULO 41.
RO

Words ending in -**er** in English become -**ro** in Portuguese.

Translate these words into Portuguese and then check the answers on the next page.

1. arbiter   _____

2. center   _____

3. centimeter   _____

4. chronometer   _____

5. filter   _____

6. helicopter   _____

7. kilometer   _____

8. minister   _____

9. neuter   _____

10. presbyter   _____

11. register   _____

12. theater   _____

Here are the Portuguese words. Check if you got them right. You will find many more words that you didn't know that you knew.

acelerômetro	coulômetro	espirômetro
actinômetro	cronômetro	eudiômetro
aerômetro	decalitro	extensômetro
altímetro	decâmetro	filtro
amperímetro	decímetro	fluorímetro
anemômetro	densitômetro	fluorômetro
anfiteatro	diâmetro	Fotômetro
árbitro	difractômetro	foto-polarímetro
atmômetro	dilatômetro	galvanômetro
audiômetro	dinamômetro	gasômetro
barômetro	dosímetro	goniômetro
bolômetro	durômetro	gradiômetro
calorímetro	electrômetro	gravímetro
coulômetro	epicentro	hectolitro
centilitro	ergômetro	hectômetro
centímetro	estilômetro	heliômetro
centro	esclerômetro	helicóptero
cetro	esferômetro	hemocitômetro
clinômetro	espectro	hidrômetro
colorímetro	espectrômetro	higrômetro

hipocentro	presbítero	taxímetro
hipsômetro	planímetro	teatro
litro	podometro	telémetro
magnetômetro	polarímetro	telurômetro
manômetro	psicrômetro	dendrômetro
metro	quilômetro	tensiômetro
micrômetro	radiômetro	termômetro
mililitro	reflectômetro	tetrâmetro
milímetro	refractômetro	tonômetro
ministro	registro	uranômetro
neutro	sacarímetro	variômetro
olfatómetro	salinômetro	vatímetro
ortocentro	semidiâmetro	velocímetro
osmômetro	sensitômetro	viscosímetro
parâmetro	sub-centro	voltímetro
perímetro	superministro	volúmetro
	tacômetro	

CAPÍTULO 42.

ETO

Words ending in -**et** in English become -**eto** in Portuguese.

Translate these words into Portuguese and then look up in a dictionary for the answers.

1. alphabet _____

2. amulet _____

3. quartet _____

4. discreet _____

5. duet _____

6. epithet _____

7. indiscreet _____

8. parapet _____

9. quintet _____

10. secret _____

11. sonnet _____

Here are the Portuguese words. Check if you got them right. You will find many more words that you didn't know that you knew.

alfabeto

amuleto

quarteto

discreto

dueto

epíteto

indiscreto

parapeito

quinteto

secreto/ segredo

soneto

CAPÍTULO 43.
ENSO

Words ending in -**ense** in English become **enso** in Portuguese.

Translate these words into Portuguese and then look up in a dictionary for the answers.

1. dense   _____

2. incense   _____

3. immense   _____

4. intense   _____

5. offense   _____

6. tense   _____

7. ultradense   _____

8. defense   _____

9. propense   _____

Here are the Portuguese words. Check if you got them right. You will find many more words that you didn't know that you knew.

denso

incenso

imenso

intenso

ofensa

tenso

ultradenso

defesa

propenso

CAPÍTULO 44.

OR

Most English words that end in -**or** are exactly like the Portuguese ones with a few small spelling changes.

Here are the Portuguese words.

codiretor	refrator	auditor
compositor	reitor	autor
compressor	resistor	benfeitor
fator	revisor	bicolor
fervor	semicondutor	clamor
furor	sucessor	coactor
instrutor	supercondutor	coautor
intercessor	tenor	codiretor
interlocutor	transgressor	compositor
pastor	transistor	compressor
projetor	tricolor	conector
protetor	tumor	confessor
raptor	tutor	confiteor
reator	unicolor	construtor
reconstrutor	valor	consultor
refletor	ator	cursor

depressor	humor	propretor
detector	impostor	prospector
difusor	indutor	recetor
diretor	inspetor	relator
divisor	inventor	repressor
editor	licor	supervisor
eleitor	locomotor	tensor
estupor	menor	termistor
expositor	nestor	terror
extensor	opressor	torpor
extrator	precetor	trator
fator	precursor	tremor
fervor	predecessor	trimotor
flexor	pretor	tussor
flúor	professor	vapor

CAPÍTULO 45.

MENTE

Most English words that end in -**ly** can be made into Portuguese by changing -**ly** to -**mente.**

Translate these words into Portuguese and then check the answers on the next page.

1. annually _____

2. apparently _____

3. comfortably _____

4. constantly _____

5. correctly _____

6. cruelly _____

7. differently _____

8. typically _____

9. frequently _____

10. generally _____

11. normally _____

12. rarely _____

Here are the Portuguese words. Check if you got them right. You will find many more words that you didn't know that you knew.

abominavelmente

absolutamente

acessivelmente

admiravelmente

adoravelmente

adverbialmente

alfabeticamente

alternadamente

ambientalmente

analiticamente

analogicamente

anormalmente

anualmente

aparentemente

ativamente

austeramente

autenticamente

autocraticamente

automaticamente

benignamente

biblicamente

ciclicamente

cinicamente

confidencialmente

confortavelmente

constantemente

constitutivamente

contraditoriamente

corretamente

cruelmente

deliberadamente

desastrosamente

descuidadamente

diferentemente

diplomaticamente

diretamente

distintamente

divinamente

doutrinariamente

eclesiasticamente

economicamente

efetivamente

egoisticamente

eleitoralmente

eletricamente

frequentemente

geralmente

lindamente

negativamente

normalmente

obstinadamente

perigosamente

positivamente

principalmente

profusamente

raramente

relativamente

secamente

secretamente

sensatamente

sombriamente

suavemente

superficialmente

terrivelmente

tipicamente

vantajosamente

variadamente

CAPÍTULO 46.
SIMILAR WORDS BY TOPIC

The following chapter is different than the ones before. I've organised the Portuguese words by topic.

I've not included the English translation. I want you to be surprised at how much Portuguese you can translate into English, simply by referencing the words to a particular topic.

If you are unsure of any words, look them up in your Portuguese/English dictionary.

Months of the year

janeiro
fevereiro
março
abril
maio
junho
julho
agosto
setembro
outubro
novembro
dezembro

Telephone

telefone
celular/telemóvel
público
telefone de emergência
assistência
informação
local
distância
headset
antena
código da área
discar

School

português	álgebra	desportos
matemática	espanhol	autocarro
física	estudos sociais	escolar
educação	política	ginásio de
física	drama	esportes
geografia	semestre	
química	elementar	
biologia	clube	
religião	laboratório	
história	cafeteria	
inglês	auditório	

Computers

computador	menu	touchpad
internet	ícones	software
surfar na internet	cabo	hardware
e-mail	mensagem	clicar
deletar	projetor	selecionar
cd-rom	escâner	texto
disco	desktop	password
cursor	laptop	
rato	monitor	

Documents

documentos	registro	diploma
nome	identidade	naturalização
sobrenome	residencial	assinatura
inicial	licença	registro do veículo
sexo	identidade de	visto permanente
data	estudante	visto temporário
seguro social	passaporte	correspondência
nacional	certificado	código postal

Nationalities

nacionalidades

canadiano	iraniano	inglês
americano	nigeriano	irlandês
mexicano	coreano	francês
britânico	filipino	brasileiro
venezuelano	australiano	grego
argentino	português	árabe
italiano	japonês	vietnamita
indiano	escocês	

Facilities

instalações	posto de turismo	loja
hotel	museu	salão
motel	parque	ginásio
mesquita	monumento	circuito de
escola	público	automobilismo
sinagoga	estátua	floricultura
hospital	avenida	café
estação de	banco	loja de animais –
comboio	farmácia	pet shop
estação de metro	supermercado	feira
teatro	universidade	galeria de arte
cinema	posto da polícia	galeria de musica
palácio da justiça	estabelecimento	agência
posto de gasolina	restaurante	discoteca

Library

biblioteca	secção de ficção	biografia
seção especial	enciclopédia	autobiografia
microfilme	dicionário	título
informações	glossário	histórico
referência	atlas	romance
catálogo online	autor	ciência

Airport

aeroporto	detetor de metais	imigração
terminal	segurança	primeira classe
bilhete	partidas	classe econômica
foto	monitores	compartimento
check in	piloto	emergência
bagagem	formulário de	
passageiro	declaração	

Hospital

vomitar	paramédico	obstetra
enfermeira	ambulância	ultrassom
sala de cirurgia	diagnóstico	rececionista
radiografia	tratamento	ortopedista
anestesia	centro médico	exame físico
cirurgião	estetoscópico	check-up
operação	formulário médico	clínico geral
máscara cirúrgica	acupuntura	lentes de contato
laboratório técnico	psicólogo	optometrista
visitante	pediatra	higienista oral
paciente	cardiologista	dentista
cardiopulmonar	eletrocardiograma	ginecologista

Pharmacy

farmácia	spray nasal	bandeje
pílula	anti-histamínico	creme
cápsula	elástico	antibacteriano
prescrição médica	vitaminas	termômetro
farmacêutico	peróxido	umidificar
medicação	de hidrogênio	esterilizar
antiácido	gaze	
inalador	aspirina	

Park/Events

parque/eventos
playground
piquenique
carrossel
skate
ciclismo
local

nacional
café
zoológico
planetário
evento desportivo
bowling
aquário

circo
minigolfe
ciclovia
carnaval
cinema
teatro
rodeio

Sports/Exercise

desporto/ exercícios
artes maciais
yoga
basquete
pingue-pongue
boxe
ginástica

aeróbica
tênis
raquete
bola
beisebol
vôlei
golfe

futebol
uniforme
esqui
tobogã
snowboard
hóquei

Equipments

equipamentos
rolo de filme
zoom
câmera
plugue
adaptador
mp3
cd player

headphones
antena
vídeo game
vídeo cassete
blue ray
dvd
controle remoto
sinal digital

pausar
play
controlar

Jobs

profissões
dentista
artista
construtor
gráfico designer
técnico

doutor
florista
editor
barbeiro
arquiteto
engenheiro

caixa
ator
carpinteiro
eletricista
baby-sitter
repórter

manicure
advogado
soldado
rececionista
fisioterapeuta
guarda de
segurança
instrutor
tutor

professor
mecânico
oficial de polícia
fotógrafo
pintor
decorador
cientista
taxista
piloto

músico
autor
agente
assistente
administrativo
administrador
veterinário

Infirmities

doenças
asma
artrite
alergia
inflamação
diarreia
cida
tuberculose
epidemia

epilepsia
bronquite
má digestão
infeção
depressão
ansiedade
trauma
cancro
colesterol

diabetes
doença cardíaca
hipertensão
osteoporose
condições sexuais
stress
congestão nasal

clothes

roupa
calções
calças
uniforme
casaco
t-shirt
biquíni
sandália
tênis

pijamas
suporte atlético
camisola
botas
polo
suéter
cardigã
informal
casual

esportivo
linho
náilon
floral
botão
zíper
colarinho

Vehicles

Veículo/transporte
não entre
hospital
área escolar
autocarro escolar
pick-up

carro
moto
van
minivan
limusine
trailer

carro esporte
carro de polícia
ambulância
carro compacto
convertível
motocicleta

autocarro
de turismo
tanque de gasolina
placa
airbag

ar condicionado
ignição
pedal
acelerador
motor

bateria
radiador
monitores
piloto

PúblicTransportation

transporte
publico
táxi
passageiro
condutor

terminal de auto
carro
rádio
comboio
metrô
plataforma

túnel
direto
norte
sul
leste
oeste

Agriculture/ Animals

agricultura
animais
trator
vinhedo
bananeira
plantar
avicultura
fóssil
coala
canguru
hiena
girafa
hipopótamo

rinoceronte
antílope
elefante
zebra
chita
gazela
búfalo
leão
pinguim
golfinho
esponja
sardinha
esquilo

mosquito
salamandra
coiote
cobra
camelo
tigre
gorila
crocodilo
flamingo
pantera
insetos
escorpião

Math

matemática
menos
mais
igual
soma
adição
porcentagem
multiplicação
divisão

fração
geometria
álgebra
curva
ângulo
linha perpendicular
retângulo
triângulo
cilindro

pirâmide
oval
círculo
diâmetro
circunferência
cubo
esfera
cone

Food

comida	salame	hambúrguer
frutas	salsicha	bagel
pera	ostras	sopa
kiwi	escalopes	cachorro quente
manga	filé	sandwich
abacate	salmão	café
coco	truta	donut
limão	sardinha	catch-up
abricó	margarina	mustarda
papaia	maionese	sushi
pêssego	creme	soyo
figos	tofu	burrito
tangerina	iogurte	taco
banana	geléia	salsa
amêndoas	salada	tortilha
pistachos	bacon	brócolis
fruta tropical	pizza	aspargos
porco	lasanha	espinafre
aves	espaguete	tomate

Science

ciência	sólido	fórmula
biologia	líquido	cilindro graduado
química	gás	frasco
químico	tubo	microscópio
física	tabela periódica	funil
prisma	elemento	magneto
fórceps	átomo	
balança	molécula	

Writing

escrita	parágrafo	pontuação
letra	dissertação	ponto
frase	margem	de interrogação
sentença	título	exclamação

apóstrofe
parênteses
hífen
copiar

editar
processar
vocabulário
sílaba

termo
ideias

History

história
explorar
governar
inventar

humano
migrar
criar
produzir

defender
descobrir
satélite
aviação

Arts

artes
modelo
pintura
pintor
mural
escultura
escultor

fotógrafo
balé
dançarino
máscara
orquestra
audiência
concerto musical

microfone
guitarrista
ator
programa
ópera

TV And Music

televisão e música
filme
ação
comédia
aventura
mistério
suspense
drama
romance
fantasia
terror

documentário
animação
tv por cabo
satélite
comercial
propaganda
séries
game show
talk show
programa sobre a
natureza

programa infantil
desporto
reality show
pop
rock
jazz
blues
r&b
hip hop
clássica

Energy, Pollution, Nature

energia	tornado	petróleo
poluição	erupção vulcânica	energia
natureza	poluição do ar	geotérmica
desastres naturais	radiação	energia solar
fome	gás natural	energia nuclear
avalanche	poluição de	energia
tsunami	automóveis	hidroelétrica

Continents

continentes	equador	europa
polo norte	hemisfério sul	áfrica
polo sul	hemisfério norte	ásia
círculo polar	américa do sul	oceania
antártico	américa do norte	antártida

The Universe

o universo	satélite	marte
estação espacial	atmosfera terrestre	júpiter
constelação	meteoro	saturno
estrela	cometa	urano
eclipse	planetas	netuno
órbita	mercúrio	plutão
galáxia	vênus	astronauta
espaço	terra	solar

Measures

medidas	uma barra	contêiner
um quarto	litro	quilograma
um terço	galão	quilômetro
buquê	jarra	metro

Hotel

reserva	bar
check in	spa
check out	sauna
suite	ginásio
receção	valet
formulário de registro	luxo
restaurante	

Garden

jardim	írises
rosa	crisântemos
flores	violetas
plantas	orquídeas
tronco	gerânios
pétala	

Factory

fabrica	extintor
designer	material venenoso
robô	material explosivo
supervisor	agente biológico
operador de máquina	material inflamável
área de segurança	material radioativo

Politics

política	senador
candidato político	presidente
voto	vice
eleitor	deputado
suprema corte	protesto
tribunal eleitoral	cancelar
congresso	

Homes

casa	área urbana	freezer
tenda	área rural	elétrico
chalé	propriedade	gás
duplex	corredor	sofá
apartamento	ar condicionado	cortina
flat	salão de ginástica	ventilador
condomínio	varanda	interruptor
villa	elevador	termostato
palácio	chaminé	closet
iglu	garagem	carpete
rancho	pátio	alarme
dormitório	micro-ondas	toalhete
castelo	gabinete	
subúrbio	refrigerador	

Crime And Justice

crime	prisioneiro
justiça	advogado
vandalismo	polícia
roubo armado	prisão
gangue	tribunal
violência	júri
grafite	drogas
vítima	tráfico
testemunha	cometer uma ofensa
marginal	

Family/Feelings

Família	confuso	adulto
sentimentos	infante	imigrar
interessado	infantil	o ex- parceiro
calmo	bebê	a ex-parceira
entusiasmado	sênior	conforto
surpreso	mãe	proteger
confortável	esposo	disciplina
inconfortável	companheiro (a)	encorajar
animado	par	graduar
nervoso	matrimonial	comemorar
agitado	divórcio	aniversário
frustrado	adolescente	

Shopping

compras

centavos

dólar

código de barras

cheque

cartão de crédito

total

preço

CAPÍTULO 47.
VERB SHORTCUT

This chapter will help you to learn more verb shortcuts. It will help you further in your pursuit to fluency in Portuguese.

Translate these verbs into English.

abandonar   _____

acalmar   _____

acessar   _____

aceitar   _____

acelerar   _____

acreditar   _____

acusar   _____

adaptar   _____

adicionar   _____

administrar   _____

adornar   _____

adotar   _____

advogar   _____

afirmar   _____

ajustar   _____

alarmar _____

alertar _____

alterar _____

anestesiar _____

anexar _____

animar _____

anunciar _____

aplicar _____

armar _____

arquitetar _____

assinar _____

atacar _____

atrair _____

atribuir _____

atuar _____

auditar _____

aventurar _____

balancear _____

barbear-se _____

bater _____

beneficiar _____

bloquear   _____

bronzear   _____

cancelar   _____

candidatar   _____

catalogar   _____

causar   _____

certificar   _____

checar   _____

circular   _____

classificar   _____

clicar   _____

codificar   _____

coincidir   _____

coletar   _____

colidir   _____

comandar   _____

combinar   _____

comemorar   _____

cometer uma ofensa   _____

comissionar   _____

compactar   _____

comparar _____

compartilhar _____

competir _____

complementar _____

compreender _____

conceber _____

condicionar _____

conduzir _____

conectar _____

confessar _____

confirmar _____

conflitar _____

conformar _____

confortar _____

confrontar _____

conquistar _____

conservar _____

considerar _____

consignar _____

consolar _____

constelar _____

constituir _____

construir _____

consultar _____

consumir _____

contaminar _____

contar _____

contactar _____

contentar _____

contestar _____

continuar _____

contratar _____

contribuir _____

controlar _____

copiar _____

corresponder _____

corrigir _____

corromper _____

criar _____

curar _____

cursar _____

curvar _____

datar   _____

debutar   _____

decidir   _____

declarar   _____

decorar   _____

defender   _____

definir   _____

defraudar   _____

deletar   _____

depositar   _____

descobrir   _____

desejar   _____

desertar   _____

designar   _____

destilar   _____

detalhar   _____

detectar   _____

deter   _____

detestar   _____

diagnosticar   _____

diagramar   _____

diminuir _____

direcionar _____

discar _____

disciplinar _____

discutir _____

dissertar _____

distanciar _____

distribuir _____

dividir _____

divorciar _____

documentar _____

drogar _____

editar _____

educar _____

eleger _____

eletrocutar _____

elevar _____

emitir _____

emplacar _____

encorajar _____

entrar _____

entusiasmar _____

envelopar _____

equipar _____

escalar _____

escanear _____

escapar _____

esculturar _____

esquiar _____

estabelecer _____

estacionar _____

estressar _____

estruturar _____

estudar _____

evidenciar _____

examinar _____

exclamar _____

excluir _____

executar _____

exercitar _____

existir _____

expandir _____

experimentar   _____

explodir   _____

explorar   _____

exportar   _____

expressar   _____

extratar   _____

fantasiar   _____

fermentar   _____

filmar   _____

fixar   _____

flexionar   _____

florar   _____

florestar   _____

formar   _____

formular   _____

fotografar   _____

fracionar   _____

frasear   _____

funcionar   _____

galopar   _____

garantir   _____

governar _____

graduar _____

guiar _____

identificar _____

igualar _____

ilhar _____

imigrar _____

imigrar _____

impedir _____

implementar _____

importar _____

impressionar _____

inalar _____

indexar _____

infeccionar _____

infetar _____

inflamar _____

informar _____

iniciar _____

inspecionar _____

instalar _____

instruir _____

instrumentar _____

insultar _____

interagir _____

interceptar _____

interferir _____

interpretar _____

interrogar _____

interromper _____

inventar _____

investir _____

laborar _____

lamentar _____

licenciar _____

limitar _____

manifestar _____

mapear _____

marcar _____

mascarar _____

medicar _____

microfilmar _____

migrar

_____

ministrar

_____

modelar

_____

multiplicar

_____

naturalizar-se

_____

nomear

_____

notar

_____

nutrir

_____

obscurecer

_____

observar

_____

obstruir

_____

omitir

_____

operar

_____

oprimir

_____

optar

_____

orientar

_____

orquestrar

_____

partir

_____

passar

_____

pausar

_____

pedalar

_____

perdoar _____

perfumar _____

permanecer _____

perseverar _____

persistir _____

perverter _____

pilotar _____

pintar _____

planejar _____

plantar _____

plugar _____

poluir _____

ponderar _____

pontuar _____

posicionar _____

postar _____

praticar _____

prescrever _____

preferir _____

prescrever _____

prevenir _____

processar _____

proclamar _____

produzir _____

professar _____

programar _____

progredir _____

proibir _____

projetar _____

prolongar _____

prometer _____

promover _____

pronunciar _____

propagar _____

prosperar _____

prostituir _____

proteger _____

protestar _____

prover _____

provocar _____

publicar _____

radiar _____

radiografar   _____

reagir   _____

recepcionar   _____

recomendar   _____

reconciliar   _____

reduzir   _____

refinar   _____

reformar   _____

refrigerar   _____

registrar   _____

regressar   _____

relaxar   _____

repetir   _____

reportar   _____

represar   _____

representar   _____

reproduzir   _____

reservar   _____

residir   _____

resignar   _____

resistir   _____

resolver   _____

respeitar   _____

responder   _____

resultar   _____

retribuir   _____

reunir   _____

revelar   _____

reverter   _____

revisar   _____

rolar   _____

roubar   _____

salvar   _____

seccionar   _____

seduzir   _____

segmentar   _____

selecionar   _____

sentenciar   _____

solicitar   _____

solidificar   _____

somar   _____

suceder   _____

supervisionar   _____

suportar   _____

surfar   _____

surpreender   _____

suspender   _____

taxar   _____

telefonar   _____

terminar   _____

testar   _____

testemunhar   _____

titular   _____

tormentar   _____

traficar   _____

transformar   _____

transgredir   _____

transitar   _____

transportar   _____

tratar   _____

treinar   _____

triunfar   _____

umidificar   _____

usar   _____

ventilar   _____

violentar   _____

visitar   _____

vitaminar   _____

vomitar   _____

votar   _____

Talk to the Author

Email: irineu@oliveiralanguageservices.com

Printed in Great Britain
by Amazon

22668511R00079